AF453448

PANNE-AUX-AIRS

PARODIE MUSICALE EN DEUX ACTES ET SIX TABLEAUX

POÈME DE M. CLAIRVILLE. — MUSIQUE DE M. BARBIER

Représentée pour la première fois, à Paris, sur le THÉATRE-DÉJAZET, le 30 mars 1861.

PERSONNAGES :	ACTEURS :
PANNE-AUX-AIRS (ce rôle doit être joué avec un accent allemand)..........	MM. DUPUIS.
BURCK....................................	TISSIER.
FRANÇOIS.................................	HALBLEIB.
DUVENT	TONY.
LE LAMPISTE DE L'AVENIR.................	MENARS.
MADAME BURCK............................	Mmes A. PAER.
ÉLISABETH...............................	CLUESMANS.
JEANNETTE......	A. MEYER.
JAVOTTE.................................	NELSON.
PÉLERINS, CHEVALIERS, PÉLERINES ET GRANDES DAMES.....................	

NOTA. Les indications de droite et de gauche sont prises de la salle.

PREMIER TABLEAU.

Un salon de campagne : fenêtre à droite; portes au fond et à gauche.

SCÈNE PREMIÈRE.

ESTELLE, à la fenêtre, ensuite JAVOTTE.

ESTELLE, parlant à la cantonade. Non, monsieur Alcindor, je vous en supplie, ne donnez pas suite à ce projet extravagant.

ALCINDOR, en dehors, sans être vu. Nous n'avons plus d'autres ressources, fiez-vous à moi; je réponds du succès.

ESTELLE. M. Alcindor?...Ah bien, oui ! voilà qui enjambe la palissade; bon, il a renversé les géraniums... M. Alcindor! M. Alcindor!...

JAVOTTE, qui vient d'entrer par la gauche (1). M. Alcindor... Où donc qu'il est?

ESTELLE. Ah! c'est toi, Javotte?

JAVOTTE. Dame! oui, j'étais là dans ma cuisine, et j'entendais comme un bourdonnement. « Qu'est-ce qui bourdonne donc comme ça, que j' me disais... c'est peut-être monsieur qui roucoule son opéra allemand; » et comme il ne fait pas autre chose du matin au soir, que j'en ai plein les oreilles et plein le dos, je ne me pressais pas de sortir; mais v'là qu' tout à coup il me semble reconnaître vot' voix... «Oh! alors, que je me dis, c'est pas un bourdonnement, c'est un gazouillement; » et j' suis venue pour savoir avec qui vous gazouilliez.

(1) J. E.

ESTELLE. Ah! ma pauvre Javotte, un bien grand danger me menace!

JAVOTTE. Vous, mam'selle?

ESTELLE. Tu sais que mon père s'est entiché du célèbre compositeur que l'on attend à Paris?

JAVOTTE. Si je le sais!... C'est-à-dire que ce n'est pas de l'amour, c'est de la rage...

Air :

Il sait par cœur tout' sa musique,
Et nous force à l'apprendre aussi...
Oui, même moi, sa domestique,
Il faut, pour que je reste ici...
Que je roucoule comme lui !
Et pourquoi, je vous le demande ?
Vit-on jamais un cordon-bleu
Forcé, pour faire l' pot-au-feu,
De savoir la musique all'mande ?

ESTELLE. Eh bien, ma pauvre Javotte, mon père a su par les journaux que, pour se rendre à Paris, le grand homme doit passer par cette ville... et il s'est empressé de lui écrire pour le supplier de s'arrêter un jour dans sa maison.

JAVOTTE. Bon, c'est un grand dîner à faire, c'est ennuyeux, mais ce n'est pas un danger.

ESTELLE. Attends donc : tu sais que M. Alcindor avait demandé ma main à mon père; mais mon père, qui ne rêve que de musicien... de l'avenir...

n'a pas voulu pour gendre d'un pauvre petit musicien du présent....

JAVOTTE. A trois francs le cachet; et il a refusé.

ESTELLE. Cependant il a du talent, M. Alcindor; il s'est offensé, et tu ne devinerais jamais le projet qu'il a conçu pour se venger.

JAVOTTE. Je devinerais peut-être, mais ça pourrait être long, dites-le-moi tout de suite.

ESTELLE. Il veut se présenter ici à la place et sous le nom du célèbre maëstro.

JAVOTTE. A la place du compositeur allemand?

ESTELLE. Juge de mon effroi.

    Air : *De sommeiller encore, ma chère...*
    Duper mon père...

          JAVOTTE.
             Ah! diable! diable!

          ESTELLE.
    C'est fort mal.

          JAVOTTE.
        Oui, ce n'est pas bien.

          ESTELLE.
    C'est affreux!

          JAVOTTE.
        C'est épouvantable!
    Mais, quand on n'a pas d'aut' moyen ?...
    Y a des moments où, sur la terre,
    Une fille, sans craindre rien,
    Doit souffrir un mal nécessaire
    Lorsque ce mal amène un bien.
    Oui, l' mal est quenqu'fois nécessaire ;
    Sans un peu d' mal, on n'a pas d' bien.

ESTELLE. Comment, tu approuverais...

JAVOTTE. Non, oh! non, je n'approuve pas; mais, à vot' place... je laisserais faire.

ESTELLE. En laissant faire, je deviens la complice de M. Alcindor.

JAVOTTE. Dame, s'il faut que vous soyez sa complice pour que votre mariage... s'accomplisse... soyez sa complice.

ESTELLE. Mais réfléchis donc.

FRANÇOIS, en dehors. C'est une horreur! c'est une infamie!

MADAME BURCK. Calmez-vous, François.

ESTELLE. Ma mère et le jardinier, silence!

SCÈNE II.

LES MÊMES, MADAME BURCK, FRANÇOIS,
entrant du fond, à gauche.

FRANÇOIS, montrant deux pots de géraniums (1). Mais regardez-moi ça, madame, comme c'est trépigné, y a-t-y du bon sens de mettre des fleurs dans c't etat-là.

MADAME BURK. Et vous n'avez vu personne?

FRANÇOIS. Oh! si je l'avais vu, le gueux!

1 Mad. B. F. E. J.

MADAME BURCK, allant à sa fille. C'est peut-être quelque chat, quelque animal (1).

FRANÇOIS. Oui, quelque animal à deux pieds, car on peut les suivre, les deux pieds... on peut les suivre à travers les plate-bandes, depuis cette fenêtre jusqu'au mur.

MADAME BURCK. Cette fenêtre!... Javotte, ma fille, avez-vous vu ou entendu quelqu'un?

ESTELLE, troublée. Non, maman...

JAVOTTE. Est-ce qu'il y a des voleurs?

FRANÇOIS. Ou des voleurs, ou des amoureux.

ESTELLE, à part. Oh ciel!...

MADAME BURCK. Des amoureux! Que voulez-vous dire?

FRANÇOIS. Je veux dire que mam'selle Javotte, qui fait l'innocente avec moi, causait, pas plus tard qu'hier au soir, avec un zouave de la garnison.

JAVOTTE. Ah! si l'on peut dire...

MADAME BURCK. Est-ce vrai, Javotte?

JAVOTTE. Certainement que c'est vrai, y me demandait du feu pour allumer sa pipe.

FRANÇOIS. Y vous demandait du feu... je ne dis pas non... Reste à savoir quel feu il vous demandait pour allumer sa pipe.

JAVOTTE. Ah! mais, vous m'ennuyez, vous, savez-vous ?

FRANÇOIS. Oh! les zouaves!!! celui-là surtout, qui a cassé tous mes géniums et tous mes z-ails... Ah! j'l'hai-t'y !... car il n'y a qu'un zouave pour trépigner des fleurs de c'te façon-là !

MADAME BURCK. Assez sur ce sujet. Vous m'avez interrompue dans ma promenade, et je ne saurai pas ce rôle que M. Burck veut que j'apprenne. Comprend-on ça... Faire venir cette partition d'Allemagne, et la traduire lui-même pour nous la faire apprendre... François, me vois tu travestie en chevalier... avec un casque et une grande... machine... (Indiquant une plume à son casque.)

FRANÇOIS. Eh ben! et moi, me voyez-vous en seigneur?... Oh! je ne saurai jamais ce rôle-là!

    Air : *Tout le long de la rivière.*
    J' suis un jardinier des meilleurs,
    Et v'là comme on arrang' mes fleurs !
    J'aime un' jeunesse qui s'émancipe,
    Et qui d'un zouave allum' la pipe.
    Bref, quand, par goût et par métier,
    J' suis amoureux et jardinier,
    Faut que j' m'embête à fair' d' la musique,
  Au lieu d' faire l'amour et d' fair' d' la botanique ;
    Que le diable emporte la musique !
(Après ce couplet, on entend un bruit discordant de serpent.)

JAVOTTE. Qu'est-ce que c'est que ça?

MADAME BURCK. Ce doit être mon mari.

ESTELLE. Oui, c'est papa.

FRANÇOIS, à part. J'croyais que c'était l'âne qui m'appelait.

1 J. F. mad. B E.
2 F. C. mad. B. J.

SCÈNE III.

LES MÊMES, BURCK.

(Il entre, portant un serpent, dont il tire des sons criards, en faisant le tour de la chambre. A chaque nouveau son, les personnages en scène font un mouvement nerveux. Au dernier, plus strident que les autres, ils jettent un cri.)

TOUS. Ah !

BURCK. Tiens (1), vous étiez là !... Comment, vous n'êtes pas tous à votre toilette ?...

MADAME BURCK. A notre toilette, pourquoi donc ?

BURCK. Comment, pourquoi ?... Ah ! c'est vrai, je ne vous ai pas dit... Je suis si troublé, si ému !... Il arrive, mes amis, il arrive ! (Il donne son serpent à François, qui l'accroche au fond.)

ESTELLE. Grand Dieu !

TOUS. Quoi donc ?...

BURCK. J'ai reçu une lettre... Écoutez... écoutez !...

ESTELLE, à part. Une lettre d'Alcindor !... je tremble !

BURCK, tirant une lettre de sa poche. « Monsieur, vous désirez que je m'arrête un instant chez vous ; je consens à vous faire cet honneur. Attendez-moi donc, moi et ma suite... J'arriverai d'un instant à l'autre. — *Post-Scriptum.* — Je ne signe pas, dans la crainte que vous ne vendiez mon autographe.

TOUS. Ah !

BURCK, les imitant. Ah ! j'étais sûr que ce postscriptum vous ferait faire : « Ah !... » Est-ce qu'il me connaît pour se fier à moi ?

Air : Vaudeville de *l'Héritière.*

Reconnaissez la prudence allemande,
     La franchise d'un Allemand.
          MADAME BURCK.
Sans doute, la franchise est grande,
     Mais la politesse...
               BURCK.
                    Comment !
N'est-il pas vrai que maintenant
Les autographes se marchandent ?
Donc j'approuve le citoyen
Qui, dans un siècle où tant de noms se vendent,
Ne veut pas qu'on vende le sien.

MADAME BURCK. Mais il parle de sa suite... Est-ce qu'il nous amènerait...

BURCK. Oh ! son valet de chambre, un ou deux domestiques probablement.

MADAME BURCK. A la bonne heure ! car nous sommes fort petitement logés, et je craindrais.

BURCK. Ne crains rien ; j'ai dit à la sœur de François de monter sur le belvéder pour y repasser son rôle du petit pâtre, et pour y regarder si elle ne voit rien venir. Mais attends, je vais m'informer. (Il va au fond.) Jeannette, sœur de mon jardinier, ne vois-tu rien venir ?

1 F. E. B. mad. B. J.

JEANNETTE. Non, monsieur, rien du tout.

BURCK. Elle ne voit rien encore !

MADAME BURCK. Comment, mon ami, tu veux vraiment nous faire chanter devant ce monsieur ?

BURCK. Si je le veux ?... Mais tu ne comprends donc rien ?... Tu ne te figures donc pas l'étonnement, la surprise, la joie d'un si grand homme quand il verra qu'au fond d'une province, dans une petite ville, toute une famille sait son opéra par cœur, et le chante du matin au soir.

MADAME BURCK. Ce monsieur sera peut-être très-peu flatté de nous entendre.

BURCK. Ah ! que tu connais peu le cœur humain !

Air : *On dit que je suis sans malice.*

Pour le charmer, je te l'assure,
Sans t'occuper de la mesure,
Tu peux faire un *la* pour un *sol*,
Un dièse pour un bémol.
Il reconnaîtra sa musique,
Il dira que c'est magnifique ;
Le talent est, croyez cela,
Toujours modeste comme ça.

FRANÇOIS. Ah ben ! s'il ne s'agit que de faire des *la* pour des *sol*... (Les femmes remontent au fond.)

BURCK. (1) Ah ! non, il ne s'agit pas que de ça, et j'espère au contraire que vous me ferez honneur... Voyons, toi, François, sais-tu ton rôle ?

FRANÇOIS. Je sais qu'on a trépigné sur mes géraniums.

BURCK. Ce n'est pas cela que je te demande... Crois-tu savoir ?

FRANÇOIS. Je crois savoir que c'est un zouave, et si je le pince...

BURCK. Ah ! tu m'ennuies... Je t'ordonne...

JEANNETTE, en dehors. Monsieur Burck ! monsieur Burck !

BURCK. Cette voix... c'est Jeannette ! Ah ! la voilà !

~~~~~~

SCÈNE IV.

LES MÊMES, JEANNETTE.

JEANNETTE, accourant de gauche (2). Il arrive ! il arrive, le maëstro !

BURCK. Il arrive...

ESTELLE, à part. C'est Alcindor ! Ah ! je tremble !

JEANNETTE. J'étais là-haut sur la montagne... non, sur le belvéder, je repassais mon rôle du pâtre, et j'étais en train de chanter :

« Je vois dans la campagne... »

quand, tout à coup, je vois que je ne vois plus rien dans la campagne, qu'un gros nuage de pous-

1 F. B. E. mad. B. J.
2 J. F. Jeannette, B. mad. B. E.
~~~~~~

sière... c'était *cinque* carrosses qui marchaient à la file.

TOUS. Cinq carrosses !

JEANNETTE. J'ai d'abord cru que c'était une noce, mais tout ça s'est arrêté à la porte de la maison, d'où que j'ai vu descendre des cinq carrosses au moins quinze personnes !

TOUS. Quinze personnes !

MADAME BURCK. Ah ! où allons-nous les loger ?

JAVOTTE. Et notre table qui n'est que de cinque couverts.

BURK. Cinq couverts !... Nous mettrons des rallonges.

JAVOTTE. Et la salle à manger, la rallongerez-vous aussi ? (Elle remonte au fond.)

BURCK. Nous dînerons dans le jardin, par terre, sur l'herbe.

JEANNETTE. Il arrive...

BURCK. Il arrive !... courons au-devant de lui !...

MADAME BURCK. Les voilà !... je n'ai plus de jambes. (Elle tombe dans les bras de son mari.)

BURCK. Je suis ému.

ESTELLE. Et moi donc ! (Elle tombe dans les bras de son père, et Javotte dans les bras de François.)

FRANÇOIS. Est-ce qu'ils vont tous se trouver mal (1) ?

JEANNETTE. Les voilà, les voilà !

BURCK. Attention, et de l'enthousiasme !

SCÈNE V.

LES MÊMES, ALCINDOR, DOUZE PETITS ENFANTS.

(Pendant le chœur, entrent douze petits enfants costumés en musiciens allemands, et jouant chacun d'un instrument différent..

CHŒUR.

Air :

Oui, gloire à l'Allemagne,
Honneur, honneur, honneur !
Que nos vœux accompagnent
Ce grand compositeur.

(Les enfants se placent sur deux lignes.)

MADAME BURCK. Qu'est-ce que c'est que tous ces enfants-là ?

BURCK. Ce sont les musiciens de l'avenir.

REPRISE DU CHŒUR.

ALCINDOR. Merci ! merci, petites gens ! (A sa suite.) Messieurs, montez ici mes colis, et les plus grands soins, les plus grandes précautions ; allez... (Les enfants sortent.)

BURCK. Monsieur !... grand homme !... Certainement croyez que... ma fille, ma femme (2)... tant d'honneur... vous ne pouvez pas vous douter... certainement (3). Javotte, mon jardinier... je suis

pénétré, c'est-à-dire que... certainement... Jeannette la sœur de mon jardinier (1)...

ALCINDOR. Très-bien, très-bien... Je ne tiens pas à vous connaître, c'est vous qui teniez à me connaître, moi, et vous voyez que je suis bon prince. (Il ouvre son manteau. On voit son costume.)

BURCK, le regardant. Ah (2) !

ALCINDOR. Qu'avez-vous ?

BURCK. Pardon ; mais, ce costume ?

ALCINDOR. Il vous étonne ? C'est un costume de l'avenir.

Air : *La petite poste de Paris.*

J'ai le chapeau de l'avenir,
Le paletot de l'avenir,
Même un gilet de l'avenir,
Une montre de l'avenir,
Un pantalon de l'avenir,
Et des bottes de l'avenir.

FRANÇOIS, à part. Et son front... je ne sais pas si c'est un front de l'avenir, mais je n'en ai pas vu beaucoup... comme cela.

ALCINDOR, à Estelle. Voilà une charmante demoiselle !... C'est votre fille ?

MADAME BURCK. Oui, monsieur (3).

ALCINDOR, s'approchant. Des yeux charmants... de la grâce, une taille...

ESTELLE, se reculant. Monsieur...

BURCK. Eh bien, ma fille... est-ce ainsi que vous appréciez l'honneur...

ESTELLE. Mais, papa, vous m'avez dit de ne jamais permettre qu'un homme...

BURCK. Une célébrité n'est pas un homme... je permets.

ALCINDOR. Modeste et vertueuse... Vous avez donc toutes les perfections ? (Il lui prend la taille.)

MADAME BURCK, à son mari. Mais, mon ami.

BURCK, à sa femme. Laisse-le faire, laisse-le faire ; il est Allemand !...

ESTELLE. Pardon, monsieur, mais je ne suis pas une demoiselle de l'avenir.

ALCINDOR. Oh ! permettez, j'adore les costumes, les mœurs, la musique de l'avenir, mais les demoiselles...

Air du *Piége.*

Je les aime dans le présent,
C'est dans le présent qu'une fille
Exerce un charme tout-puissant,
Utile à la grande famille,
Utile même au siècle qu'on attend.
Oui, car dans le monde où nous sommes,
Ce sont les filles du présent
Qui de l'avenir font les hommes.

1 E. B. mad. B. Jeannette, J. F.
2 B. mad. B. E. A. J. F. Jeannette.
3 Mad. B. E. A. B. J. F. Jeannette.

1 Mad. B. E. A. J. F. Jeannette, B.
2 Mad. B. E. A. B. J. F. Jeannette.
3 Mad. B. B. E. A. J. F. Jeannette.

MADAME BURK, à son mari. Mais, mon ami, ce langage.

BURCK. C'est allemand, c'est allemand.

JAVOTTE, qui, pendant cette scène, est remontée avec Jeannette et François, et regardant au fond. Ah! ciel du ciel! qu'est-ce que c'est que tout ça.

JEANNETTE. C'est un déménagement.

TOUS. Quoi donc?

FRANÇOIS. Ah ben, en v'là des colis.

SCÈNE VI.

LES MÊMES, SUITE D'ALCINDOR.

(Les douze petits enfants rentrent, portant un énorme coffre porté par quatre hommes, et qui a toutes les peines du monde à passer par la porte.)

CHŒUR (1).

Air : *Oh! ce cadet-là...*

Juste ciel! de cette façon,
Qu'est-ce donc qu'on transporte?
C'est un' maison dans la maison ;
Pass'ra-t-elle par la porte,
La porte! (*bis*.)

ALCINDOR ET SA SUITE.

Ce coffre, avec attention,
Il faut qu'on le transporte.
Cette maison dans la maison
Passera par la porte,
La porte. (*bis*.)

BURCK.

En vérité,
Je suis épouvanté!
Vit-on jamais un coffre semblable !

ALCINDOR (2).

Qu'avez-vous donc?

BURCK.

Pardon, monsieur, pardon!
Mais, d'honneur, ce coffre est effroyable.

ALCINDOR.

Quoi! vous étonner pour cela?
Non, ce n'est pas croyable !
Bientôt il en arrivera
Quatorze comme ça...

MADAME BURCK, parlé. Quatorze!

TOUS. Juste ciel !

CHŒUR GÉNÉRAL (3).

Quatorze de cette façon,
Je la trouve assez forte.
Tiendront-ils tous dans la maison
S'ils passent par la porte.
La porte! (*bis*) (4).

1 Mad. B. B. F. J. Jeannette, E. A.
2 Mad. B. B. F. A. J. E. Jeannette.
3 F. mad. B. B. A. J. E. Jeannette.
4 E. mad. B. B. A. J F. Jeannette.

BURCK. Mais vous voyagez donc avec vos meubles?

ALCINDOR. Mes meubles?... par exemple... pas du tout.

BURCK. Cependant, de pareils colis ne peuvent renfermer que des objets d'une grande valeur...

ALCINDOR. De la plus grande valeur... ils renferment ma partition.

BURCK. Eh quoi !... c'est votre opéra?...

ALCINDOR. Pas autre chose, et encore ce coffret ne renferme-t-il que quelques petits rôles. (A sa suite.) Ouvrez le coffre. (On ouvre le coffre et l'on aperçoit d'énormes volumes, sur lesquels on lit en grosses lettres : « Petit rôle du Pâtre. — Rôle de Volfrain. — Rôle du landgrave. »)

TOUS. Ah !

BURCK, lisant. « Petit rôle du pâtre... petit rôle de Volfrain... petit rôle du landgrave... » Trois petits rôles seulement.

ALCINDOR. Les autres rôles, les parties d'orchestre et la partition sont dans mes treize autres coffres.

BURCK. Et vous croyez que le public de nos jours...

ALCINDOR. Est-ce que je m'occupe du public de nos jours...

Air : *Ne raillez pas la garde citoyenne.*

Et que m'importe un siècle que je raille,
Et qui sera fini dans quarante ans,
Non, ce n'est pas pour lui que je travaille,
A l'avenir je consacre mon temps.

Pour être illustre, il faut savoir attendre ;
Car l'avenir appartient aux puissants.
Ceux qui, demain, n'auront pu me comprendre,
Me comprendront, j'espère, en mil neuf cent.

Et qu'est-ce donc que le succès vulgaire ?
C'est un vain bruit; c'est à peine du vent.
Je ne veux pas d'un triomphe éphémère
Que je verrais mourir de mon vivant.

Voyez comment, dans le monde artistique,
Vous acclamez vos chefs-d'œuvre nouveaux.
En en faisant plus ou moins la critique,
Vous en parlez dans quinze ou vingt journaux.

Pendant huit jours, les juges de la scène
Parlent beaucoup sans rien approfondir;
Et le public quelquefois sait à peine
S'il doit siffler ou s'il doit applaudir.

Et ce public qui ne s'amuse guère,
Au grand chef-d'œuvre en réputation,
Court une fois à l'œuvre littéraire,
Et deux cents fois court au *Pied de Mouton.*

Me croyez-vous assez peu de génie
Pour envier un triomphe pareil?
Dois-je verser un torrent d'harmonie
Qui, dans un jour, peut tarir au soleil ?

Non, bien plus loin je porte ma bannière,
Et je prétends, satisfait de mon sort,
De mon vivant, méconnu sur la terre,
Être immortel lorsque je serai mort.

Car je méprise un siècle que je raille,
Et qui sera fini dans quarante ans.
Non, ce n'est pas pour lui que je travaille,
A l'avenir je consacre mon temps.

BURCK. Ah! vous m'enthousiasmez, monsieur Malhauner; mais ce n'est pas assez de l'avenir, le présent, le présent même vous admire; et la preuve, c'est qu'ici, moi, ma femme, ma fille, mon jardinier (1), la sœur de mon jardinier, les parents de mon jardinier, tout le monde, jusqu'à Javotte, ma domestique, nous savons votre opéra par cœur.

ALCINDOR. Mon opéra!

BURCK. Oui, monsieur Malhauner... et nous voulons le jouer devant vous.

ALCINDOR. Le jouer!... Oh! oh! ce n'est pas si facile que cela.

BURCK. Non, ce n'est pas facile, mais nous le jouerons...

ALCINDOR. Vous le jouerez... vous le jouerez... D'abord, avez-vous un théâtre?

BURCK. Non, mais il y a celui de la ville.

FRANÇOIS. Il est démoli.

BURCK. Ça ne fait rien, nous le réparerons... et puis, il n'est que fermé, faute d'artistes...

MADAME BURCK. Comment, mon ami, tu voudrais; mais si nous sommes mauvais?

BURCK. On dira que nous sommes les acteurs de l'avenir.

ALCINDOR. Ma foi, je ne voulais rester qu'un jour avec vous; mais votre proposition me décide... je ne suis pas fâché de cette épreuve en petit comité. Vous savez tous les rôles?

BURCK. Excepté le principal... monsieur Malhauner... c'est le Panne-aux-Airs.

1 E. mad. B. A. B. J. F. Jeannette.

ALCINDOR. Je le jouerai... Mais des musiciens.

BURCK. Nous aurons tous les amateurs de la ville... et c'est moi qui les conduirai.

ALCINDOR. A merveille! je surveillerai les répétitions et je vais donner des ordres pour que rien ne nous manque.

BURCK. Moi, je vais au théâtre m'assurer de la salle.

ALCINDOR. Et, dès aujourd'hui, nous commençons nos études (1).

BURCK. François, mon serpent!...

CHŒUR.

Air :

Oui, dès ce jour, il faut nous mettre à l'œuvre,
C'est un devoir aussi bien qu'un plaisir.
Car il s'agit de montrer le chef-d'œuvre
Qui charmera les siècles à venir.

ALCINDOR (2).
Vous, mon enfant, secondez votre père.

(L'embrassant.)
Je rêve ici des plaisirs inconnus.

MADAME BURCK, à son mari.
Mais il l'embrasse.

BURCK.
Il faut le laisser faire.
C'est Panne-aux-Airs, il embrasse Vénus (3).

REPRISE.
Oui, dès ce jour, il faut, etc.

(Le cortége des enfants défile devant Alcindor. Toute la famille s'incline. — Reprise du chœur d'entrée. Burck a repris son serpent et se met en tête du cortége, qui défile devant le public dans l'ordre suivant : Burck, les porteurs et le coffre, madame Burck, Javotte, François, Jeannette, Alcindor donnant la main à Estelle.)

1 E. mad. B. A. J. F. Jeannette.
2 E. A. mad. B. B. F. J. Jeannette.
3 B. mad. B E. A. F. J. Jeannette.

INTERMÈDE

DEUXIÈME TABLEAU.

BURCK, passant devant la toile; il tient son serpent, sa chaise, son bâton pour frapper les trois coups, et sa baguette pour conduire. C'est bon, on y va... (Entre ses dents.) Vous m'ennuyez! (Au public.) C'est vrai, il m'ennuie... Ah! je ne m'étais jamais trouvé avec un grand homme... Les grands hommes, c'est superbe... de loin. Mais quand on les voit de près... Enfin, depuis quinze jours que nous travaillons, nous voilà donc arrivés à la répétition générale... Nous allons répéter avec les costumes et les décors... Nous avons fait des invitations et garni la salle de tout ce qu'il y a de plus distingué dans la ville... Je suis très-satisfait du coup d'œil... Pourvu que le public soit aussi satisfait de nous... la pièce ne va pas mal... Ma fille est charmante en Vénus... Messieurs, je vous la recommande... je vous recommande aussi ma femme en Jeanne d'Arc... C'est une idée à elle, je ne sais pas pourquoi... Je vous recommande aussi mes domestiques... car il n'y a pas de claque pour cette pièce... Oh! le grand homme n'en a pas voulu... et je suis sûr que tout irait bien s'il n'était pas là, lui, pour gâter tout. Je sais bien qu'il a de bonnes intentions... au fond.... mais il est d'une exigence aux répétitions!... Cependant, je dois avouer qu'il ne me dit jamais rien aux morceaux d'ensemble... mais, en revanche... comme il me tanne aux airs... et puis, c'est qu'il me coûte un argent fou... quinze personnes à nourrir depuis quinze jours, sans compter les locations de costumes... Si encore il était content! Mais, excepté ma fille, il ne trouve rien de bien... Enfin, il m'a dit de venir voir si tout le monde est à l'orchestre... Oui, oui, tout le monde est là... Ah! ah! vous voilà, monsieur Duvent!... Et votre cor va toujours bien ?

DUVENT. Pas trop bien... pas trop bien... Ah !... je crois bien que le temps va changer, car il me fait bien souffrir...

BURCK. Ce n'est pas de celui-là que je vous parle... Enfin, ça ne fait rien... Voyons, je placerai là ma chaise et mon serpent. (Il indique la droite.) De cette place, je surveillerai... et l'orchestre et le théâtre.

LA VOIX D'ALCINDOR, à travers la toile. Eh bien, que faites-vous donc là ?

BURCK. Est-ce que vous êtes prêt ?

ALCINDOR. Mais, sans doute, faites donc commencer !

BURCK. La! qu'est-ce que je vous ai dit ?... Vous voyez comme il me bourre! C'est bon... Je vais frapper les trois coups. (A l'orchestre.) Attention, messieurs ! Songez que vous avez sous les yeux la musique de l'avenir. (Au public.) Et vous, messieurs, soyez indulgents. Supposez que vous êtes en 1961. Vous avez tous cent ans de plus. Vous êtes bien conservés pour votre âge, les dames surtout... Ah ! après ça, il y a bien peu de poudre de riz. Supposez que tout ce qui existe aujourd'hui ait fait place à un monde nouveau. Eh bien, messieurs, ce sont les accords de ce nouveau monde que nous allons vous faire entendre... Si vous ne comprenez pas bien, dites-vous : « C'est notre faute, nous sommes trop jeunes; dans cent ans, ce sera magnifique. » Vous me permettez bien de vous dire ça, n'est-ce pas ?... Oui... merci ! merci ! Attention maintenant! (Il frappe les trois coups.) Voilà les trois coups de l'avenir! Vite à mon poste. (L'orchestre joue l'ouverture. — Pendant l'ouverture, sur le solo de trombone.) Nouveau récitatif pour le trombone. (Après le solo de flûte.) La jeune fille entre.

ALCINDOR, par le trou du rideau. Au contraire, elle sort. (Après le second solo de trombone.)

BURCK. Le jeune homme demande la main de la jeune fille.

ALCINDOR, même jeu. Au contraire, c'est la jeune fille qui demande la main du jeune homme. (Après le second solo de flûte.)

BURCK. Elle résiste.

ALCINDOR. Au contraire, elle accepte. (Après le troisième solo de trombone.)

BURCK. Le père accorde sa main.

ALCINDOR, même jeu. Le père refuse. (Musique.) Elle baisse les yeux. (Musique.) Le père est attendri... (Musique.) il consent... (Musique.) il les bénit.

BURCK. Tableau ! (L'orchestre joue l'air du PETIT-FRANÇOIS.)

BURCK. Ah ! voilà qui a le cachet allemand !... Vous reconnaissez ça ?... Vous savez, ce petit instrument... avec des rideaux verts et des petits bonshommes qui tournent? (Après l'ouverture.) Au rideau ! (La toile lève.)

TROISIÈME TABLEAU.

La grotte de Vénus.

Un buisson à droite; une montagne au fond.

SCÈNE PREMIÈRE.

BURCK, PANNE-AUX-AIRS.

(Au lever du rideau, le buisson s'ouvre, et l'on voit Panne-aux-Airs couché sur un ban de gazon.)

BURCK, assis contre le manteau d'Arlequin, à droite. C'est Panne-aux-Airs, il est censé couché dans la grotte, mais, comme nous n'en avons pas, nous l'avons remplacée par un buisson.

PANNE-AUX-AIRS. Il s'accompagne sur une harpe.

Ivre d'amour, ivre de volupté,
Dans les bras de Vénus, mollement dorloté,
Je menais une vie... oh ! mais ce qu'on appelle
Une vie agitée et de polichinelle.

(Il se lève.)

Je lui chantais d'un petit air vainqueur,
Ce céleste duo de « : Tiens voilà mon cœur. »
La grotte de Vénus aujourd'hui m'asticotte,
Hélas! je n'aime plus à marcher dans sa grotte.
On vient; c'est elle! (Il quitte sa harpe.)

SCÈNE II.

PANNE-AUX-AIRS, VÉNUS.

VÉNUS, entrant.
Toi!

PANNE-AUX-AIRS.
Moi!

VÉNUS.
Quoi!

PANNE-AUX-AIRS.
Bonjour!

VÉNUS.
Bonjour ! Veux-tu parler d'amour

PANNE-AUX-AIRS.
Toujours, toujours,
Parlons de nos amours.

ENSEMBLE.

PANNE-AUX-AIRS.
Amour, délire!

VÉNUS.
Amour, délire!

PANNE-AUX-AIRS.
Ma lyre
M'inspire.

VÉNUS.
Sa lyre

L'inspire.

PANNE-AUX-AIRS.

O ciel! je t'aime!

VÉNUS.

O ciel! il m'aime!

PANNE-AUX-AIRS.

D'amour extrême,
Je t'aiiiiiiime!

(Il quitte sa harpe.)

De nos amours, c'est trop parler,
Et j'aimerais mieux m'en aller !

VÉNUS.

Quoi, me quitter, orage,
Il pleut, reste, voici l'orage.

(Un rideau de nuages descend.)

PANNE-AUX-AIRS.

Non... pas si bête !
Je veux revoir Élisabeth !
Élisabeth, Élisabeth.

(Il tourne, tourne sur lui-même.)

VÉNUS.

Élisabeth! Me tromper, moi, Vénus ;
Va, pars, retourne... où ton amour te guide,
Mais puisses-tu, perfide,
Ne pas trouver de place en l'omnibus.

(A force de tourner, il tombe étourdi ; le nuage est tout à fait descendu. Vénus, en sortant, pince deux accords déchirants sur la harpe ; trait de violons qui éteint toutes les lumières. Vénus disparaît. Nuit complète.)

BURCK ; il est assis à droite sur l'avant-scène et conduit la pièce en suivant sur un manuscrit. Là qu'est-ce que je disais, que ce trait de violons éteindrait tous les quinquets; ils ont tous la rage de jouer de la harpe.

ALCINDOR, se soulevant. Et qu'importent les quinquets, ma musique les remplacera... Dans l'avenir, les salles de spectacle seront éclairées avec mes triples croches.

BURCK. J'aimerais mieux un triple bec de gaz!... Ménars, lampiste ! (Il rentre.) Rallumez la rampe ! (Il la rallume et sort.)

PANNE-AUX-AIRS. Mais qu'est-ce que M. Ménars vient faire dans ma partition?

BURCK. C'est le lampiste de l'avenir... (A Alcindor.) Ah! mais, dites donc, faites attention à votre costume : vous savez que c'est l'antiquaire, le vieux juif, qui nous a loué tout ça?...

ALCINDOR. Voyons, le décor doit être changé, passons à la scène du petit pâtre.

BURCK. Enlevez le bal... non, le nuage. (Le nuage se lève.)

QUATRIÈME TABLEAU.

SCÈNE PREMIÈRE.

BURCK, PANNE-AUX-AIRS, LE PATRE.

LE PATRE est assis sur une petite montagne et chante en s'accompagnant avec une musette.

Au haut de la montagne,
Un pâtre fatigué,
Sur sa flûte accompagne,
Ce petit air bien gai.

BURCK, parlé. Ah! ça n'est pas bien gai!...

PANNE-AUX-AIRS. Taisez-vous donc, c'est la situation.

LE PATRE, chantant.
Sautez dans la montagne,
Gué, gué, ma mie, au gué!

(Panne danse sur la ritournelle de l'air.)

La voilà la gaieté! (Après la chanson du pâtre, on entend des clochettes dans la coulisse.)

BURCK. Qu'est-ce que c'est que ça... une diligence, des postillons?

PANNE-AUX-AIRS. Eh! non, ce sont des moutons qui passent et paissent dans la montagne.

BURCK. J'ai cru que c'était le courrier de Lyon.

PANNE-AUX-AIRS. Ce pâtre a bien été, mais votre orchestre est mou, c'est mou.

BURCK. Comment, c'est mou?

ALCINDOR. Oui, vous autres Français, vous êtes mous, vous auriez dû me laisser conduire.

BURCK, se levant avec rage. Jamais, jamais !

LE COR, trépignant des pieds. Jamais! jamais!

ALCINDOR. C'est bien, allez sans moi, je le veux bien, mais vous êtes mou. (Il sort.)

BURCK, aux musiciens. Soutenez-moi, mes amis, soutenez-moi... Je suis fier de votre suffrage universel. Certainement, cet homme est un grand musicien ; mais, après la représentation, je lui flanquerai une râclée pour lui prouver que je ne suis pas mou. Attention, attention au chœur des pèlerins. Allez-y ! (Des pèlerins traversent la scène, montent sur les rochers et disparaissent dans le fond.)

SCÈNE II.

LES MÊMES, MADAME BURCK.

(Panne-aux-Airs s'est incliné devant les pèlerins pendant qu'ils défilent.)

MADAME BURCK, en chevalier moyen âge.
Quel est cet étranger?

PANNE-AUX-AIRS.

Cachons-lui mon visage.

MADAME BURCK.

Non, je ne le vois pas, mais je le reconnais,
C'est Panne-aux-Airs.

PANNE-AUX-AIRS.

Ah! tais-toi...

MADAME BURCK.

Je me tais.

Mais le dimanche aux jours de fête,
Tu ne viens plus sous la coudrette
Chanter comme autrefois,
Dis-moi pourquoi, dis-moi pourquoi ?

PANNE-AUX-AIRS, *aux musiciens.* Attention la romance!

BURCK. Allez-y!

PANNE-AUX-AIRS, *s'accompagnant avec sa harpe.*

ROMANCE.

Oui, Vénus a régné, a régné sur mon âme ;
Je ne sais plus chanter de pudiques amours.
    Même à la plus honnête femme,
    Je tiens de singuliers discours.
    Au lieu de ces mots : « Je vous aime,
    Je vous aime d'amour extrême, »
    Mots charmants que l'on placera
    Toujours dans un grand opéra,
    Je lui dis : « Viens çà, ma mignonne,
    Et permets que je follichonne.
    — Que dites-vous? Et ma vertu ?...
    — Turlututu ! turlututu ! »
Oui, Vénus a régné, a régné sur mon âme ;
Je ne sais plus chanter de pudiques amours.

(À l'orchestre. — *Parlé.*) Comme c'est mal accompagné.

MADAME BURCK.

RÉCITATIF.

Qu'importe, venez à la cour,
C'est aujourd'hui que l'on y chante
L'amour, l'amour, rien que l'amour ;
C'est la chanson la plus charmante.

PANNE-AUX-AIRS.

Non.

MADAME BURCK.

Si.

PANNE-AUX-AIRS.

Non.

MADAME BURCK.

Si.

PANNE-AUX-AIRS

Non, non, non, non, non.

MADAME BURCK.

Si, si, si, si, si.

(Elle l'entraîne; le nuage redescend. Quand le nuage est en bas, la musique cesse. Alcindor rentrant en scène.)

BURCK. *Vous nous embêtez, vous.*

ALCINDOR. *Allons donc, la musique!*

BURCK. *Un instant donc, on n'a pas le temps de respirer. Ah! je plains les musiciens de l'avenir!... Je trouve qu'on abuse un peu du nuage dans cette pièce-là. Enfin, il paraît que c'est la mode... Enlevez le bal... non, le nuage. (Le nuage se lève et laisse voir un salon. — Musique.)*

CINQUIÈME TABLEAU.

SCÈNE PREMIÈRE.

JAVOTTE *en reine, avec* SA COUR, SEIGNEURS, ETC. (*Elle entre avec deux pages.*)

BURCK, *riant.* Ah! ah! Javotte en reine! Tiens, mon cordon bleu... qui a un cordon rouge... Elle qui manque toujours mes ragoûts, pourvu qu'elle ne manque pas ses sols et ses entrées!...

JAVOTTE.
C'est aujourd'hui fête au Conservatoire,
    Introduisez les troubadours
    Pour le concours (*bis*).
Et qu'à me chanter leurs amours, (*bis.*)
Les candidats mettent leur gloire.

(Elle s'assied à droite. Les chevaliers et les grandes dames entrent ; ils défilent devant Javotte et la saluent en passant ; ensuite, viennent François en chevalier, madame Burck en Jeanne d'Arc, et Alcindor. Ils ont tous trois une harpe derrière le dos et un tabouret à la main. Après avoir défilé devant Javotte, ils s'asseyent.)

JAVOTTE.
Que vois-je! Panne-aux-Airs, vous êtes de retour ?
Pendant ce long voyage, me fûtes-vous fidèle ?

PANNE-AUX-AIRS, *qui s'est levé.*
Cachons-lui que Vénus m'a troublé la cervelle.
Oui, je reviens ici lutter avec mon luth !

JAVOTTE.
Nous allons voir lequel aura le plus bel *ut.*

Voyons, qui de vous tous entend le mieux l'amour?
(Ils vont se rasseoir. Madame Burck se lève, prend sa harpe et vient se placer devant la reine.)

MADAME BURCK, *d'un ton sépulcral.*
    C'est l'amour, l'amour,
      Qui fait le monde
      A la ronde,
    Et chaque jour,
      A son tour,
    Le monde fait l'amour.

PANNE-AUX-AIRS.
Ah! le triste amoureux que voilà !
Peut-on chanter l'amour aussi faux que cela !

FRANÇOIS, *parlé.* C'est à mon tour. (Même jeu.)

MADAME BURCK. Tiens, mon jardinier. (Chantant.)

    Ils ont en chevalier
    Fourré mon jardinier.

FRANÇOIS, *chantant.*
    L'amour, qué qu' c'est qu' ça ?

NICETTE.
    L'amour, qué qu' c'est qu' ça ?
    On m'a parlé de ce dieu-là.
      On dit qu'il nous rend bête,
      Ah ! dis-moi, Nicette,
    L'amour, qué qu' c'est qu' ça ?

PANNE-AUX-AIRS, *se levant.*
Ah ! ne chante pas davantage,
Car, entre nous, c'est outrager l'amour
Que de l'ignorer à ton âge.

C'est à mon tour, à mon tour.

(François va se rasseoir.)

CHŒUR.

Ecoutons Panne-aux-Airs, ce tendre troubadour.

PANNE-AUX-AIRS.

Follichons et follichonnettes.

(Il danse.)

Follichonner est mon but.

Les beautés qui font trop leurs têtes,
Noblement on leur dit zut !

TOUS.

Horreur ! horreur !

(Tirant leurs épées.)

A bas le chanteur !

Punissons son offense,

Vengeance, vengeance !

ALCINDOR, arrêtant le morceau. Assez ! assez ! (Tout le monde se sauve. — Le nuage baisse.) Il est impossible de crier vengeance plus mollement.

BURCK. Qu'est-ce qu'il vous prend ? (Le nuage leur arrive sur la tête.) Ah! qu'est-ce que c'est qu' ça encore?... Le nuage ! Ah çà, mais, M. Panne-aux-Airs vous en abusez !

ALCINDOR. Il ne s'agit pas de nuage, l'orchestre s'endort; j'avais ordonné qu'à ce moment on brisât tous les violons et toutes les contre-basses.

BURCK. C'est moi, monsieur, moi, qui me suis permis de faire un changement.

ALCINDOR. Pourquoi, monsieur ?

BURCK. Parce que, monsieur... parce que nous ne sommes qu'au troisième tableau, et que si nous avions brisé les instruments, ça nous aurait gêné pour accompagner le sixième tableau.

ALCINDOR. Vous n'y entendez rien, il restait les clarinettes et les trombones ; vous êtes mou, monsieur, vous êtes mou... (Il sort à gauche.)

BURCK, à part. Encore ! Je te repincerai à la fin, toi ! (Criant au cintre.) Enlevez l' ballon... non, le nuage, nuit... Faites attention à votre scène de nuit. (Le nuage se lève; on voit le même décor de montagne. — Les pèlerins redescendent et se placent en ligne devant le public, et chantent leur chœur.)

CHŒUR.

Revenons de pèlerinage.

Pendant ce long voyage,

Nous fûmes tous en nage.

Quand nous repartirons,

Ce même chœur nous chanterons.

(Ils sortent.)

BURCK, parlé. Comme ils ont l'air d'être fatigués; on comprend qu'ils viennent de loin... (Le soleil s'éclaire un peu.) Ah! quel bel effet de soleil couchant. (On voit Panne-aux-Airs, tout déguenillé, descendre la montagne.) Ah ! voilà Panne-aux-Airs, il est dans la panne... Il arrive le dernier... pour faire voir qu'on ne lui a pas pardonné sa liaison avec mademoiselle Vénus... Eh bien, Elisabeth manque son entrée!... Elle entre... Ah! non, la voilà... Attention à la lune, je vais faire la lune... pourvu que cet effet

de l'une, ne nuise pas à l'effet de l'autre. (Elisabeth monte la montagne en courant.

PANNE-AUX-AIRS. Ah! mon Dieu! elle est folle... (Elle s'arrête au milieu de la montagne; Burck passe son bras de la coulisse ; il tient un réflecteur bleu, et le braque sur la figure d'Élisabeth. Elle fait le geste de chasser la lumière de ses yeux, comme si elle chassait une mouche, et éternue deux ou trois fois.)

BURCK, s'avançant de la coulisse en tenant toujours le réflecteur. Ça fait-il bien?

PANNE-AUX-AIRS. Ah! je crois bien, le soleil et la lune en même temps, au milieu de la nuit; on dirait une éclipse... (Élisabeth continue de monter et disparaît quand elle est tout en haut.) Elle va mourir, mourir pour moi... Elle monte au ciel dans le cintre; c'est le moment de harper, harpons! (Il pince deux accords déchirants sur sa harpe. — Le jour se lève; on entend une fanfare de chasse. — Madame Burck entre.)

PANNE-AUX-AIRS.

Quels sont

Ces sons?

Ce sont

Les sons

Des cors,

Les accords.

MADAME BURCK, lui présentant un fusil.

Viens donc, pour te distraire,

Écouter les chiens braire,

Tayau, tayau, tayau!

Au lieu de pleurer comme un veau ;

Si j'étais à ta place,

J'irais en chasse, en chasse.

PANNE-AUX-AIRS.

Au fait, il a raison ! Pleurer est trop mesquin.

(Il prend le fusil.)

Et pour me consoler, il faut aller soudain

Casser le cou d'un lapin.

(Ils sortent. — Fanfares très-bruyantes. — Pendant les fanfares, on parle ce qui suit.)

BURCK, parlé. Ah! ah! voilà, voilà la scène de la meute, nom d'un chien!... Je ne veux pas que ce chœur-là rate, c'est moi qui vais le conduire... Allons! ferme, mes amis!... entraînons... entraînons les chiens... (La fanfare s'arrête, Burck descend à l'orchestre.)

ALCINDOR, à un piqueur qui amène des chiens de taille moyenne.) Par ici, les premiers ténors, à droite! (Entrent de petits chiens kings-charles et autres, tenus en laisse par un piqueur.) Les basses, où sont les basses ? (Entrent de gros chiens.) A gauche, les basses!... Et les voix de femmes, où sont les voix de soprani! (Entrent des lovrettes.) Au milieu, les voix de femmes... Allez, la musique!.. (Chœur de chiens et d'aboiements divers, faits par les choristes. A la fin du chœur.) Plus vite donc! C'est mou! « Vous êtes mou... » (Burck s'éreinte à battre la mesure et s'essuie le front de l'autre main.) C'est à trois temps !

BURCK. Non, à quatre temps !

ALCINDOR. Non, à trois temps ! (Il lui arrête le bras.) Je vous dis que c'est à trois temps !

BURCK. C'est pas vrai !

ALCINDOR. Vous en êtes un autre.

BURCK. Et vous aussi.

ALCINDOR. Otez-vous d' là. Je veux conduire moi-même.

BURCK. Jamais !

TOUS, sur l'air des LAMPIONS. Il conduira, il ne conduira pas ! (Pendant la dispute, Alcindor enjambe le trou du souffleur et se met au pupitre. — Burck s'éloigne par le dessous du théâtre en le menaçant du poing. — Pendant cette dispute, tous les musiciens ont déserté l'orchestre, qui se trouve vide quand Alcindor est au pupitre.)

ALCINDOR. Allons-y ferme !... (Il bat la mesure.) Plus fort donc !... encore... plus fort !... (Il chante et s'arrête en se voyant seul. — Scène de désespoir.) Personne ! Ah ! les lâches ! ils m'ont abandonné, les infâmes ! Eh bien, je jouerai seul... A moi la clarinette !... (Il court comme un fou dans l'orchestre en renversant les chaises et les pupitres.) A moi la grosse caisse, les cymballes !... Zin ! zin ! boum ! boum !... (Il frappe partout.)

BURCK, rentrant avec un énorme bâton et criant. Où est-il, le gueux ?... où est-il ?...

ALCINDOR, s'avançant au pupitre, armé d'une contrebasse, qu'il brise sur la tête de Burck.) Ah ! scélérat, j'aurai ta vie !

BURCK. Et moi, ton sang !

~~~~~~

SCÈNE II.

MADAME BURCK, ÉLISABETH et JAVOTTE, accourant.

ESTELLE. Arrêtez, papa ! Ne le tuez pas !

MADAME BURCK. Mon homme, épargne-le ! (Pendant ce temps, Burck a attrapé Alcindor par les cheveux, son faux front et ses moustaches lui restent dans les mains. Ils se regardent tous deux en face l'un de l'autre, les musiciens rentrent à l'orchestre.)

BURCK. Alcindor !

ALCINDOR. Hélas ! oui... Je suis reconnu...

BURCK. C'est donc ça que ça allait si mal !... Je me disais aussi : « Il est impossible que le grand maître... »

JAVOTTE, accourant. Monsieur, monsieur ! voilà le grand maître qui traverse la ville.

BURCK. Le vrai grand maître ?

JAVOTTE. Tout le monde court au-devant de lui.

BURCK. Ah ! je n'ai plus de force, mes jambes s'en vont sous moi, et je m'en vais sous mes jambes. Alcindor, je te pardonne tout, si tu arrives à temps pour arrêter le grand homme... Ma fille est à toi, si tu me l'amènes... Cours, va. (Il lui tend la main.)

ALCINDOR, remonte sur le théâtre. Je l'aurai mort ou vif. (Il sort.)

BURCK. Mes amis, mes chers amis, j'en ferai une maladie, tant d'émotions... je n'en puis plus !

CRIS, dans la coulisse. Le voilà ! le voilà !

BURCK. C'est lui !... courons !

ALCINDOR, entrant. Le voilà, je vous l'amène, je l'ai tant prié qu'il a consenti à passer une seconde trois quarts chez vous.

BURCK. Ah ! quel honneur ! Courons !

TOUS. Vive le grand maître ! (Marche à l'orchestre.)

FIN.
~~~~~~